# Material, Tipps

**Material:** Porzellan, Spiritus, alter Lappen, Transparentpapier, Graphitpapier, Bleistift, Tesafilm, Echthaarpinsel Größe 10, Porzellanfarben auf Wasserbasis, Konturenliner (Schwarz) und Wattestäbchen

**Porzellan:** Mit Sicherheit findest du nicht genau das Porzellan, das ich für dieses Buch verwendet habe. Suche dir einfach etwas Ähnliches aus und vergrößere oder verkleinere dir die Motive mit einem Kopierer auf die entsprechende Größe. Es können natürlich auch andere Porzellanteile mit meinen Motiven bemalt werden und ganze Service damit gestaltet werden; sei einfach etwas kreativ.

Das Porzellan darf nicht zu bauchig sein, am besten sind glatte Teile, wie breite Tellerränder, einfache Tassen oder flache Fließen.

Die abgepausten Motive solltest du ziemlich eng und einzeln ausschneiden, damit sie sich auf dem Porzellan nicht wellen.

**Spiritus und Lappen:** Mit Hilfe des Spiritus wird das zu bemalende Porzellan erst einmal von Fett und Schmutz befreit bevor du beginnst; nehme dazu einen alten Lappen.

**Transparentpapier, Graphitpapier, Bleistift und Tesafilm:** Transparentpapier wird benötigt um die Motive vom Vorlagenbogen abzupausen.

Das Graphitpapier und das Transparentpapier werden mit Tesafilm auf dem Porzellan befestigt. Mit Hilfe des Graphitpapiers werden die abgepausten Motive mit einem harten, spitzen Bleistift auf das Porzellan übertragen.

Das Graphitpapier kann des öfteren verwendet werden.

**Pinsel:** Es ist sehr wichtig, sich einen sehr guten Pinsel zuzulegen. Am besten eignet sich ein Echthaarpinsel, wie zum Beispiel Rotmarder Größe 10. Dieser ist zwar etwas teurer aber die Farben lassen sich wesentlich besser auftragen. Diese Investition lohnt sich wirklich.

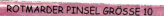

# ... & Tricks

### Porzellanfarben, Konturenliner und Wattestäbchen:

Porzellanfarben gibt es von verschiedenen Herstellern. Sie werden im normalen Backofen ca. 90 Minuten bei 160° C eingebrannt.

Sie sind danach Spülmaschinenfest, sollten aber vorsichtshalber doch von Hand gespült werden. Mit dem Konturenliner (meistens Schwarz) werden die auf das Porzellan gepausten Linien nachgemalt.

Mit dem Wattestäbchen können kleine Fehler weggewischt werden.

Wer sehr gut malen kann sollte unbedingt einmal ausprobieren, frei Hand direkt mit dem Konturenliner etwas auf das Porzellan zu malen oder zu schreiben.

Falls etwas daneben geht kann die Farbe ganz einfach mit Wasser wieder entfernt werden. Also, nur Mut dies geht ganz einfach und dadurch können sehr schöne individuelle Eigenkreationen entstehen.

### Übertragen der Motive auf das Porzellan

**1** Reinige das Porzellan mit Spiritus. Lege das Transparentpapier auf den Vorlagenbogen und pause das Motiv mit einem Bleistift ab.

**2** Nun schneidest du das Transparentpapier zurecht und klebst es mit Hilfe des Tesafilmes auf ein Stück Graphitpapier; schneide dieses eng aus.

**3** Nun wird beides mit Tesa auf dem Porzellan fixiert (bitte jetzt nicht mehr verrutschen!). Anschließend zeichnest du mit einem harten Bleistift die Konturen nach. Danach entfernst du das Papier.

**4** Jetzt werden die Konturen mit dem Konturenliner nachgemalt. Kleine Fehler können mit dem Wattestäbchen korrigiert werden. Nach dem Trocknen werden die Felder mit Porzellanfarbe ausgemalt.

Falls die Farbe beim ersten Auftrag nicht ganz deckt, kurz trocknen lassen und noch einmal übermalen. Nun kann das Geschirr getrocknet und nach Angaben des Herstellers gebrannt werden.

Auf die Tassen, fertig, los!

# Aus 1000 und einer Nacht

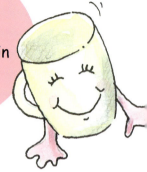

**Konturenliner:**
- Schwarz

**Porzellanfarben:**
- Signalgelb • Orange • Kirschrot • Termalin oder Rosa • Hellblau • Eisgrün • Reseda • Grau • Lapisblau

1. Reinige die zu bemalenden Teile mit Spiritus.
2. Pause die Motive vom Vorlagenbogen auf Transparentpapier ab.
3. Klebe nun das zurechtgeschnittene Graphitpapier mit Hilfe des Tesafilmes auf das Porzellan und das Transparentpapier mit dem Motiv darüber.
4. Jetzt werden mit einem harten, spitzen Bleistift die Linien sorgfältig nachgefahren.
5. Entferne nun die aufgeklebten Papiere.
6. Anschließend werden die Konturen mit dem schwarzen Konturenliner gemalt.
7. Nachdem nun die Konturen nach Angaben des Herstellers getrocknet sind, werden die Häuser mit den bunten Farben nach Lust und Laune ausgemalt.
8. Jetzt sollten die Farben erst einmal ca. 4 Stunden trocknen.
9. Anschließend in den Backofen stellen und nach Erreichen der Backtemperatur von 160° C 90 Min. einbrennen. Im Ofen auskühlen lassen.

# Glückspilze für dich

**Konturenliner:**
- Schwarz

**Porzellanfarben:**
- Kirschrot • Elfenbein • Reseda • Französisch Grün

**Fimo soft:**
- Weiß • Rot

**Sonstiges Material:**
- Überzugslack • Lackstift Schwarz

1. Reinige die zu bemalenden Teile mit Spiritus.
2. Pause die Motive vom Vorlagenbogen auf Transparentpapier ab.
3. Klebe nun das zurechtgeschnittene Graphitpapier mit Hilfe des Tesafilmes auf das Porzellan und das Transparentpapier mit dem Motiv darüber.
4. Jetzt werden mit einem harten, spitzen Bleistift die Linien sorgfältig nachgefahren.
5. Entferne nun die aufgeklebten Papiere.
6. Anschließend werden die Konturen mit dem schwarzen Konturenliner gemalt.
7. Nachdem nun die Konturen nach Angaben des Herstellers getrocknet sind, werden die Motive ausgemalt. Die Hüte und Bäckchen mit Kirschrot, die Ränder frei Hand mit Reseda (Hellgrün).
8. Nach kurzem Antrocknen werden die weißen und französisch grünen Tupfen gemalt.
9. Jetzt sollten die Farben erst einmal ca. 4 Stunden trocknen.
10. Anschließend in den Backofen stellen und nach Erreichen der Backtemperatur von 160° C 90 Min. einbrennen. Im Ofen auskühlen lassen.
11. Der Löffel mit der Fimofigur wird auf dem Bastelbogen genau erklärt.

# Froschkönig Hüpfdavon

**Konturenliner:**
- Schwarz

**Porzellanfarben:**
- Elfenbein • Eisgrün • Kirschrot • Orange

1. Reinige das grüne Service mit Spiritus.
2. Pause die Motive vom Vorlagenbogen auf Transparentpapier ab.
3. Klebe nun das zurechtgeschnittene Graphitpapier mit Hilfe des Tesafilmes auf das Porzellan und das Transparentpapier mit dem Motiv darüber.
4. Jetzt werden mit einem harten, spitzen Bleistift die Linien sorgfältig nachgefahren.
5. Entferne nun die aufgeklebten Papiere.
6. Anschließend werden die Konturen mit dem schwarzen Konturenliner gemalt.
7. Nachdem nun die Konturen nach Angaben des Herstellers getrocknet sind werden die Motive erst mit Elfenbein ausgemalt damit später die bunten Farben besser leuchten.
8. Nach dem Trocknen werden die Flächen mit den jeweiligen Farben bunt bemalt.
9. Jetzt sollten die Motive erst einmal ca. 4 Stunden trocknen.
10. Anschließend in den Backofen stellen und nach Erreichen der Backtemperatur von 160° C 90 Min. einbrennen. Im Ofen auskühlen lassen.

# Sonnenschein und gute Laune

**Konturenliner:**
- Schwarz

**Porzellanfarben:**
- Signalgelb • Orange • Kirschrot

1. Reinige die zu bemalenden Teile mit Spiritus.
2. Pause die Motive vom Vorlagenbogen auf Transparentpapier ab.
3. Klebe nun das zurechtgeschnittene Graphitpapier mit Hilfe des Tesafilmes auf das Porzellan und das Transparentpapier mit dem Motiv darüber.
4. Jetzt werden mit einem harten, spitzen Bleistift die Linien sorgfältig nachgefahren.
5. Entferne nun die aufgeklebten Papiere.
6. Anschließend werden die Konturen mit dem schwarzen Konturenliner gemalt.
7. Nachdem nun die Konturen getrocknet sind, werden die Sonnen mit Signalgelb, die Zungen mit Kirschrot und die Tupfen mit Orange und Signalgelb aufgemalt.
8. Jetzt sollten die Becher erst einmal ca. 4 Stunden trocknen.
9. Anschließend in den Backofen stellen und nach Erreichen der Backtemperatur von 160° C 90 Min. einbrennen. Im Ofen auskühlen lassen.

# Kleiner Grüner Drache

**Konturenliner:**
- Schwarz

**Porzellanfarben:**
- Turmalin (Pink)
- Eisgrün
- Reseda (Hellgrün)

1. Reinige die zu bemalenden Teile mit Spiritus.
2. Pause die Motive vom Vorlagenbogen auf Transparentpapier ab.
3. Klebe nun das zurechtgeschnittene Graphitpapier mit Hilfe des Tesafilmes auf das Porzellan und das Transparentpapier mit dem Motiv darüber.

4. Jetzt werden mit einem harten, spitzen Bleistift die Linien sorgfältig nachgefahren.
5. Entferne nun die aufgeklebten Papiere.
6. Anschließend werden die Konturen mit dem schwarzen Konturenliner gemalt.
7. Nachdem nun die Konturen nach Angaben des Herstellers getrocknet sind, werden die Motive mit den Farben ausgemalt.
8. Jetzt sollten die Farben erst einmal ca. 4 Stunden trocknen.
9. Anschließend den kleinen grünen Drachen in den Backofen stellen und nach Erreichen der Backtemperatur von 160° C 90 Min. einbrennen. Im Ofen auskühlen lassen.

# Lustige Antipasti Schälchen

**Konturenliner:**
- Schwarz

**Porzellanfarben:**
- Reseda (Hellgrün) • Turmalin (Pink)
- Signalgelb • Orange • Schwarz
- Kirschrot

1. Reinige die zu bemalenden Teile mit Spiritus.
2. Pause die lustigen Motive vom Vorlagenbogen auf Transparentpapier ab.
3. Klebe nun das zurechtgeschnittene Graphitpapier mit Hilfe des Tesafilmes auf das Porzellan und das Transparentpapier mit dem Motiv darüber.
4. Jetzt werden mit einem harten, spitzen Bleistift die Linien sorgfältig nachgefahren.
5. Entferne nun die aufgeklebten Papiere.
6. Anschließend werden die Konturen mit dem schwarzen Konturenliner gemalt.
7. Nachdem nun die Konturen nach Angaben des Herstellers getrocknet sind werden die lustigen Motive mit den bunten Farben nach Geschmack ausgemalt.
8. Jetzt sollten die Farben erst einmal ca. 4 Stunden trocknen.
9. Anschließend die Schalen in den Backofen stellen und nach Erreichen der Backtemperatur von 160° C 90 Min. einbrennen.
   Im Ofen auskühlen lassen.

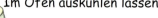

# Frecher Bubi

**Konturenliner:**
- Schwarz

**Porzellanfarben:**
- Cognac • Elfenbein
- Kirschrot • Schwarz

**Fimo soft:**
- Schoko • Rot • Hautfarben
- Weiß

**Sonstiges Material:**
- Überzugslack
- Lackstift Schwarz

1. Reinige die zu bemalenden Teile mit Spiritus.
2. Pause die Motive vom Vorlagenbogen auf Transparentpapier ab.
3. Klebe nun das zurechtgeschnittene Graphitpapier mit Hilfe des Tesafilmes auf das Porzellan und das Transparentpapier mit dem Motiv darüber.

4. Jetzt werden mit einem harten, spitzen Bleistift die Linien sorgfältig nachgefahren.
5. Entferne nun die aufgeklebten Papiere.
6. Anschließend werden die Konturen mit dem schwarzen Konturenliner gemalt.
7. Nachdem nun die Konturen nach Angaben des Herstellers getrocknet sind, mischst du Cognac und Elfenbein zu Hellbraun und malst die Gesichter aus. Die Haare werden mit Cognac, die Nasen, Bäckchen und Tupfen mit Kirschrot gemalt. Beim gestreiften Rand wird jedes zweite Kästchen mit Schwarz ausgemalt, 2 Felder können mit Kirschrot gefüllt werden.
8. Jetzt sollten die Farben erst einmal ca. 4 Stunden trocknen.
9. Anschließend in den Backofen stellen und nach Erreichen der Backtemperatur von 160° C 90 Min. einbrennen. Im Ofen auskühlen lassen.
10. Die Löffel mit den Fimofiguren werden auf dem Bastelbogen ausführlich erklärt.

# Wie Hund und Katz

**Konturenliner:**
- Schwarz

**Porzellanfarben Hundenapf:**
- Eisgrün • Turmalin (Pink) • Lapisblau

**Porzellanfarben Katzennapf:**
- Eisgrün • Turmalin (Pink) • Orange

1. Reinige die Schüsseln mit Spiritus.
2. Pause die Motive vom Vorlagenbogen auf Transparentpapier ab.
3. Klebe nun das zurechtgeschnittene Graphitpapier mit Hilfe des Tesafilmes auf das Porzellan und das Transparentpapier mit dem Motiv darüber.
4. Jetzt werden mit einem harten, spitzen Bleistift die Linien sorgfältig nachgefahren.
5. Entferne nun die aufgeklebten Papiere.
6. Anschließend werden die Konturen mit dem schwarzen Konturenliner gemalt.
7. Nachdem nun die Konturen nach Angaben des Herstellers getrocknet sind, werden die Motive mit den bunten Farben ausgemalt.
8. Jetzt sollten die Farben erst einmal ca. 4 Stunden trocknen.
9. Anschließend in den Backofen stellen und nach Erreichen der Backtemperatur von 160° C 90 Min. einbrennen.
   Im Ofen auskühlen lassen.

# Pieps die kleine Maus

**Konturenliner:**
- Schwarz

**Porzellanfarben Girls:**
- Grau • Rosa

**Porzellanfarben Boys:**
- Eisgrün oder Hellblau • Grau

1. Reinige die zu bemalenden Teile mit Spiritus.
2. Pause die Motive vom Vorlagenbogen auf Transparentpapier ab.
3. Klebe nun das zurechtgeschnittene Graphitpapier mit Hilfe des Tesafilmes auf das Porzellan und das Transparentpapier mit dem Motiv darüber.
4. Jetzt werden mit einem harten, spitzen Bleistift die Linien sorgfältig nachgefahren.
5. Entferne nun die aufgeklebten Papiere.
6. Anschließend werden die Konturen mit dem schwarzen Konturenliner gemalt und der gewünschte Name eingetragen. Ich habe 2 Motive auf den Bogen gemalt, einmal für kürzere und einmal für längere Namen, suche dir das Passende aus.
7. Nachdem nun die Konturen nach Angaben des Herstellers getrocknet sind, werden die Motive (für Mädchen) mit Rosa und Grau (für Jungs) in Eisgrün oder Hellblau und Grau ausgemalt.
8. Jetzt sollten die Mäuse erst einmal ca. 4 Stunden trocknen.
9. Anschließend das Porzellan in den Backofen stellen und nach Erreichen der Backtemperatur von 160° C 90 Min. einbrennen. Im Ofen auskühlen lassen.

# Essig & Öl

**Konturenliner:**
- Schwarz

**Porzellanfarben Essig:**
- Rosa • Schwarz • Orange • Turmalin (Pink)
- Chinarot • Signalgelb

**Porzellanfarben Öl:**
- Lapisblau • Reseda (Hellgrün) • Schwarz
- Eisgrün • Hellblau • Grau

1. Nehme die Korkstöpsel ab und reinige die Karaffen mit Spiritus.
2. Pause die Türme vom Vorlagenbogen auf Transparentpapier ab.
3. Klebe nun das zurechtgeschnittene Graphitpapier mit Hilfe des Tesafilmes auf das Porzellan und das Transparentpapier mit dem Motiv darüber.
4. Jetzt werden mit einem harten, spitzen Bleistift die Linien sorgfältig nachgefahren.
5. Entferne nun die aufgeklebten Papiere.
6. Anschließend werden die Konturen mit dem schwarzen Konturenliner gemalt.
7. Nachdem nun die Konturen nach Angaben des Herstellers getrocknet sind, werden die Motive mit den bunten Farben ausgemalt.
8. Jetzt sollten die Farben erst einmal ca. 4 Stunden trocknen.
9. Anschließend die Karaffen (ohne Korkverschlüsse!!!) in den Backofen stellen und nach Erreichen der Backtemperatur von 160° C 90 Min. einbrennen. Im Ofen auskühlen lassen.

# Katzenjammer

**Konturenliner:**
- Schwarz

**Porzellanfarben:**

- Reseda (Hellgrün)  • Schwarz
- Orange  • Rosa

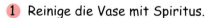

1. Reinige die Vase mit Spiritus.
2. Pause das Motiv vom Vorlagenbogen auf Transparentpapier ab.
3. Klebe nun das zurechtgeschnittene Graphitpapier mit Hilfe des Tesafilmes auf die Vase und das Transparentpapier mit dem Motiv darüber.
4. Jetzt werden mit einem harten, spitzen Bleistift die Linien sorgfältig nachgefahren.
5. Entferne nun die aufgeklebten Papiere.
6. Anschließend werden die Konturen mit dem schwarzen Konturenliner gemalt.
7. Nachdem nun die Konturen nach Angaben des Herstellers getrocknet sind, werden die Motive mit den jeweiligen Farben ausgemalt.
8. Jetzt sollte das Motiv erst einmal ca. 4 Stunden trocknen.
9. Anschließend in den Backofen stellen und nach Erreichen der Backtemperatur von 160° C 90 Min. einbrennen.
   Im Ofen auskühlen lassen.

# Flying Hearts

**Konturenliner:**
- Schwarz

**Porzellanfarben:**
- Elfenbein • Kirschrot • Rosa • Orange

1. Entferne die Deckel der Gläser und reinige die zu bemalenden Teile mit Spiritus.
2. Pause die Motive vom Vorlagenbogen auf Transparentpapier ab.
3. Klebe nun das zurechtgeschnittene Graphitpapier mit Hilfe des Tesafilmes auf das Porzellan und das Transparentpapier mit dem Motiv darüber.
4. Jetzt werden mit einem harten, spitzen Bleistift die Linien sorgfältig nachgefahren.
5. Entferne nun die aufgeklebten Papiere.
6. Anschließend werden die Konturen mit dem schwarzen Konturenliner gemalt.
7. Nachdem nun die Konturen nach Angaben des Herstellers getrocknet sind, werden die Motive erst mit Elfenbein ausgemalt um eine optimale Deckung der Farbe zu erzielen.
8. Nach dem Trocknen werden die Flächen mit den jeweiligen Farben ausgemalt.
9. Jetzt sollten die Herzen erst einmal ca. 4 Stunden trocknen.
10. Anschließend (ohne Deckel!!!) in den Backofen stellen und nach Erreichen der Backtemperatur von 160° C 90 Min. einbrennen. Im Ofen auskühlen lassen.

# Blub, der Fisch im Wasserglas

**Konturenliner:**
- Schwarz • Porzellan Liner Gold (Tube)

**Porzellanfarben:**
- Elfenbein • Hellblau • Eisgrün
- Opalblau • Lapisblau

1. Reinige die zu bemalenden Teile mit Spiritus.
2. Pause die Motive vom Vorlagenbogen auf Transparentpapier ab.
3. Klebe nun das zurechtgeschnittene Graphitpapier mit Hilfe des Tesafilmes auf das Porzellan und das Transparentpapier mit dem Motiv darüber.
4. Jetzt werden mit einem harten, spitzen Bleistift die Linien sorgfältig nachgefahren.
5. Entferne nun die aufgeklebten Papiere.
6. Anschließend werden die Konturen der Fische mit dem schwarzen Konturenliner gemalt.
7. Nachdem nun die Konturen nach Angaben des Herstellers getrocknet sind, werden die Motive erst mit Elfenbein komplett ausgemalt um genügend Deckung zu bekommen.
8. Nach dem Trocknen werden die Flächen mit den verschiedenen Grün- und Blautönen nach Geschmack bemalt und mit dem goldenen Konturenliner die Kringel aufgebracht.
9. Jetzt sollten die Motive erst einmal ca. 4 Stunden trocknen.
10. Anschließend in den Backofen stellen und nach Erreichen der Backtemperatur von 160° C 90 Min. einbrennen. Im Ofen auskühlen lassen.

# Mümmel- manns Teekanne

**Konturenliner:**
- Schwarz

**Porzellanfarben:**
- Orange
- Reseda (Hellgrün)
- Französisch Grün
- Cognac
- Elfenbein
- Schwarz
- Kirschrot
- Lapisblau
- Hellblau

1. Reinige die Kanne mit Spiritus.
2. Pause die Motive vom Vorlagenbogen auf Transparentpapier ab.
3. Klebe nun das zurechtgeschnittene Graphitpapier mit Hilfe des Tesafilmes auf das Porzellan und das Transparentpapier mit dem Motiv darüber.
4. Jetzt werden mit einem harten, spitzen Bleistift die Linien sorgfältig nachgefahren.
5. Entferne nun die aufgeklebten Papiere.

6 Anschließend werden die Konturen mit dem schwarzen Konturenliner gemalt.

7 Lasse die Konturen nach Angaben des Herstellers trocknen.

8 Mische nun Cognac mit Elfenbein und male das Fell aus. Um ein bisschen Fellstruktur zu bekommen, habe ich mit einem flachen Pinsel die Farbe anschließend aufgestupft. Das Innere der Ohren, Bäckchen und Bauch habe ich mit einer Mischung aus Kirschrot und Elfenbein ebenfalls aufgestupft. Die Nase, Pfoten, Haare habe ich mit Cognac ausgemalt. Mit Orange werden die Karotten gemalt und das Grünzeug bekommt seine Farbe durch Reseda, in die ich noch mit französisch Grün kleine Tupfen eingefügt habe. Der Schmetterling wurde mit Signalgelb, Hellblau, und Lapisblau ausgemalt.

9 Jetzt sollten die Farben erst einmal ca. 4 Stunden trocknen.

10 Anschließend in den Backofen stellen und nach Erreichen der Backtemperatur von 160° C 90 Min. einbrennen. Im Ofen auskühlen lassen.

**Kleiner Tipp:** Dieses Motiv kann natürlich auf ein ganzes Service ausgeweitet werden, indem du nach Lust und Laune einzelne Motive, wie die Rüben oder vielleicht nur den Hasenkopf auf dem Service verteilst.

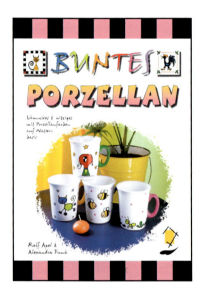
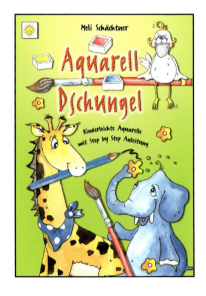

**Buntes Porzellan**
Schmuckes & witziges mit
Porzellanfarben auf
Wasserbasis.
ISBN 3-930529-50-5
Best.Nr 29505

**Aquarell Dschungel**
Kinderleichte Aquarelle mit
Step by Step Anleitungen
ISBN 3-935467-72-9
Best.Nr 67729

Laubanger 19b  96052 Bamberg   **Vielseidig Verlag**  GmbH   Tel. 0951/ 6 89 97
Fax. 0951/ 60 32 99